# Ansiedad

Formas inteligentes para vencer la ansiedad y la depresión

(Supere la ansiedad naturalmente y disfrute de su vida y tenga éxito)

**Vin Muro**

Este documento está orientado a proporcionar información exacta y confiable con respecto al tema y asunto que trata. La publicación se vende con la idea de que el editor no esté obligado a prestar contabilidad, permitida oficialmente, u otros servicios cualificados. Si se necesita asesoramiento, legal o profesional, debería solicitar a una persona con experiencia en la profesión.

Desde una Declaración de Principios aceptada y aprobada tanto por un comité de la American Bar Association (el Colegio de Abogados de Estados Unidos) como por un comité de editores y asociaciones.



Se establece que la información que contiene este documento es veraz y coherente, ya que cualquier responsabilidad, en términos de falta de atención o de otro tipo, por el uso o abuso de cualquier política, proceso o dirección contenida en este documento será responsabilidad exclusiva y absoluta del lector receptor. Bajo ninguna circunstancia se hará responsable o culpable de forma legal al editor por cualquier reparación, daños o pérdida monetaria debido a la información aquí contenida, ya sea de forma directa o indirectamente.

Los respectivos autores son propietarios de todos los derechos de autor que no están en posesión del editor.

La información aquí contenida se ofrece únicamente con fines informativos y, como tal, es universal. La presentación de la información se realiza sin contrato ni ningún tipo de garantía.

Las marcas registradas utilizadas son sin ningún tipo de consentimiento y la publicación de la marca registrada es sin el permiso o respaldo del propietario de esta. Todas las marcas registradas y demás marcas incluidas en este libro son solo para fines de aclaración y son propiedad de los mismos propietarios, no están afiliadas a este documento.

# TABLA DE CONTENIDO

# Parte 1

La ansiedad es algo con lo que todos estamos familiarizados. Nos sentimos ansiosos de vez en cuando. De hecho, siente preocupación y estrés cuando se encuentra ante una situación que genera miedo.

Por ejemplo: si le dicen que debe rendir un examen, es natural que sienta ansiedad. A algunas personas les cuesta hacerle frente a una situación que encuentran aterradora, pero para otros, puede resultar difícil realizar una actividad.

### *Sufre de ansiedad?*

Es probable que sufra de ansiedad cuando se preocupa por todo. En otras palabras, comienza a preocuparse por todo lo que podría salir mal, incluso antes de un evento real. Su corazón comienza a latir con fuerza cuando entra en una sala a hacer una presentación. Su mente se acelera y siente como si estuviera perdiendo el control de su cuerpo. Su boca se seca y no puede hablar con claridad.

*Qué sucede cuando sufre de ansiedad?*

Por supuesto que se siente preocupado, asustado. Siente que algo terrible va a suceder. Tiende a sentarse en el borde del asiento, inquieto, incómodo. Lo peor es que siente pánico: su ritmo cardíaco aumenta, no puede concentrarse bien y su mente divaga constantemente.

Algunas personas comienzan a pensar que tienen una condición médica grave. De hecho, los síntomas pueden complicarse y es importante darse cuenta de cómo la ansiedad puede afectarlo de diferentes maneras.

Básicamente, la ansiedad cambia la forma en que siente, piensa, se comporta y vive, la manera en que funcionan los reflejos de su cuerpo.

*Cómo actúa el cuerpo cuando sufre de ansiedad?*

1. Su corazón se acelera y siente palpitaciones (se acelera el pulso).
2. Siente mariposas en el estómago.
3. Sus músculos se tensan y empieza a respirar profundamente.

4. Se siente inquieto y puede comenzar a sudar bastante.

5. A veces siente entumecimiento u hormigueo en los dedos de los pies y las manos.

6. Algunas personas dicen que se marean cuando tienen que actuar ante una situación aterradora o amenazante.

Además de los síntomas físicos, puede comenzar a fumar, comer y beber más. A veces empieza a hablar demás o va de un lado a otro sin ninguna razón.

Si bien el número de síntomas no es amplio, estos signos indican que lo más probable es que sufre de ansiedad.

### *Qué es la ansiedad?*

Con exactitud, ¿qué es la ansiedad? Bueno, en términos simples, es la manera en que su cuerpo se prepara para enfrentar una amenaza. Tan pronto como su cerebro percibe el peligro, su corazón, músculos y articulaciones están listos para la acción. Respira más rápido y siente que el corazón late con fuerza porque su cerebro proporciona nutrientes y oxígeno a las áreas del cuerpo que más lo requieren.

El momento en que su cerebro percibe que la situación vuelve a la normalidad, la sensación desaparece, pero a veces puede sentirse nervioso y débil, incluso después del episodio ocurrido.

Curiosamente, no todas las situaciones son una amenaza, pero su cerebro piensa lo contrario. Puede haber muchas razones por las que se pone ansioso. Por ejemplo, podría tratarse de alguien que pasa muy preocupado.

De manera similar, es natural sentirse ansioso cuando tiene que lidiar con eventos estresantes de la vida como la muerte, pérdidas de dinero o el divorcio. Algunas personas se sienten ansiosas cuando les presionan en el trabajo o tienen una relación complicada. El estrés continuo tal vez sea la razón más fuerte por la cual las personas se acostumbran a estar ansiosas.

### *En qué momento la ansiedad se vuelve un problema?*

La ansiedad se convierte en un gran problema cuando los síntomas son graves o continúan durante mucho tiempo. Así mismo, hay que lidiar con la ansiedad si la misma se produce con demasiada frecuencia o si comienza a preocuparse sin ningún motivo.

Ahora que sabe que la ansiedad es un círculo vicioso, ¿cuáles son los pasos que puede tomar para deshacerse de esta amenaza? Bueno, ya no tiene de qué preocuparse. Siga leyendo e infórmesesobre cómo controlar mejor sus episodios de ansiedad.

# Capítulo Dos: Maneras adecuadas de manejar la ansiedad

Después de leer las primeras páginas, sabe que la ansiedad se puede curar. Todo lo que necesita hacer es entrar en el círculo vicioso y aprender las formas más efectivas de manejar la ansiedad.

A continuación se presentan las diferentes áreas a trabajar:

1. Descifrar laa condiciones en que se produce la ansiedad.

2. Tratar los síntomas físicos.

3. Cambiar sus pensamientos.

4. Cambiar cualquier tipo de conducta vinculada con la ansiedad.

Todos sabemos loque podría desencadenar un episodio de ansiedad y antes de poder lidiar con los síntomas, lo mejor es descifrar las condiciones en que se produce la ansiedad.

Entonces, la pregunta es: ¿qué provoca la ansiedad? ¿Se estresa en alguna situación? ¿Su nivel de ansiedad empeora en algún momento en particular del día? ¿Hay alguna preocupación que lo ponga ansioso?

## *Estrés y ansiedad en la vida diaria*

Todos tenemos un sinnúmero de pensamientos que recorren nuestras mentes y generan un gran impacto. Quizá lo mejor que puede hacer para combatir la ansiedad es llevar un registro de sus pensamientos.

Durante un período de 2 a 3 semanas, mantenga un control diario del nivel de ansiedad y sus factores desencadenantes. Puede registrar estos eventos cada hora y anotar cualquier cosa que considere importante. Así mismo, califique su nivel de ansiedad en una escala del 0 a 10.

¿Cómo aparecieron los síntomas? ¿Estaba en casa o en el trabajo? ¿Qué estaba pensando? ¿Estaba haciendo una actividad estresante? ¿Sus niveles de estrés se encuentran elevados? Se sorprenderá al ver la cantidad de información que fluye a través de su mente y cuando vea sus pensamientos escritos en un papel, podrá entender claramente cómo un pensamiento negativo conduce a una acción más devastadora e incluso lo hace sentir peor.

Ya sea que el estrés esté relacionado con el tráfico, una carga de trabajo pesada, noticias desagradables o relaciones turbulentas, puede afectar su rutina, su productividad y, peor aún, su salud. Y es aquí donde lo mejor es llevar un registro diario de las condiciones en las que se encuentra.

La idea básica detrás de llevar un registro diario de las condiciones en las que se encuentra es poder obtener información de los problemas y el estrés que lo afectan, para poder analizarlos y luego manejarlos de una mejor manera.

### Pase del problema a la solución

Cuando identifique un problema real o algoen particular que lo estrese, es momento de darle una solución al problema. Una vez más, lo ideal es describir el problema y definirlo de la forma más clara posible.

Por ejemplo, si las facturas de su tarjeta de crédito le causan ansiedad, apunte el valor que debe y todas las soluciones posibles al problema. No piense en cuán importantes o efectivas sean las soluciones; El punto aquí es dar ideas que puedan ayudarlo a lidiar con las cuentas de su tarjeta de crédito.

Imagine lo que podría hacer para resolver este problema:

1. Acordar pagos más accesibles.

2. Revisarsu presupuesto mensual.

3. Conseguir un trabajo de medio tiempo.

4. Incrementar sus ahorros.

5. Vender su coche.

6. Consultar a un asesor financiero.

7. Reducir sus gastos.

Puede seleccionar las que considere son las mejores opciones y apuntar lo que debe hacer para solucionarlo. Una vez que haga un plan para hacer frente a las agobiantes facturas de las tarjetas de crédito, sus niveles de ansiedad mejorarán. Si está tratando de hacerle frente a un problema que le viene preocupando durante mucho tiempo, lo mejor es dialogarlo con un familiar de confianza o un amigo cercano.

## Capítulo Tres: Su estilo de vida es motivo de estrés?

No puede controlar lo que la vida le depara, pero tiene la capacidad de saber cuidarse. Esa es la idea. Cuidar adecuadamente su cuerpo y su mente puede ayudarle a manejar el estrés de forma más efectiva. A continuación presentamos algunas estrategias sencillas de cuidado personal que pueden mantenerlo en excelentes condiciones y lo que es más importante, lo ayudan a enfrentar los desafíos de la vida.

1. Dulces sueños

Dormir adecuadamente es importante para su bienestar físico y emocional. Desafortunadamente, la falta de sueño puede tener un impacto negativo en su salud y productividad. Pero a veces es difícil dormir cuando está ocupado y estresado.

Estos son algunos consejos efectivos que pueden ayudarlo a mejorar la cantidad y la calidad del sueño.

### Ejercicios

El ejercicio es un excelente factor para eliminar el estrés e incluso los ejercicios ligeros como pasear y hacer yoga pueden ayudarlo a dormir tranquilo.

### Escuchar música

Poner música relajante antes de acostarse puede ayudarlo a calmarse y liberar la tensión. De hecho, la música puede calmar su mente y su cuerpo hasta el punto de quedarse dormido de forma rápida.

### Arreglar la habitación

Si quiere descansar más tranquilo, duerma en una habitación limpia. Deshágase de las cosas innecesarias de su habitación que puedan ser motivo de estrés para su mente y cuerpo.

### Tomar un baño de burbujas

Tome un baño de burbujas con ingredientes antiestrés, tales como aceites esenciales y sales del Himalaya, mime su cuerpo y saque de su cabeza cualquier preocupación que tenga. ¡Combínelo con velas perfumadas y su baño se convertirá en un lujoso spa!

Si no quiere tomar un baño de burbujas antes de ir a dormir, remoje sus pies en agua que contenga aceite de lavanda y sales del Himalaya para una experiencia relajante.

## Masaje

Unos masajes antes de acostarse ayudan a aflojar los músculos y dormir más plácidamente.

## Meditación

La meditación antes de acostarse es una excelente técnica para calmar la tensión en la mente y el cuerpo. Puede usar la meditación para despejar la mente y alcanzar la paz interior.

## Vida sexual saludable

Una vida sexual saludable no solo mejora su relación, sino que también ayuda a liberar "hormonas de la felicidad" que fomentan el bienestar y permiten dormir de manera tranquila.

## 2. Mantener una adecuada alimentación

Resulta increíble que la ansiedad se produzca por una mala alimentación. Por otro lado, le sorprenderá la cantidad de estrés que puede soportar cuando se alimenta de forma adecuada.

Si se ha sentido ansioso, estresado últimamente, averigüe cuál de los siguientes errores ha cometido en la alimentación.

1.   Consumir demasiada cafeína: demasiada cafeína en la sangre puede causar dificultad para dormir, falta de concentración y aumento de los niveles de cortisol, la hormona del estrés.

2. Antojo de alimentos con alto contenido en sal, azúcar y grasa.

3. Saltarse las comidas: si piensa que salir corriendo de la casa sin desayunar o saltarse el almuerzo es una buena idea para ahorrar tiempo, piénselo bien.

4. Comer en exceso: comer de forma desmesurada, comer cuando no tiene hambre hace más daño que bien.

5. No beber agua: si olvida beber agua, su cuerpo y su mente pueden tener problemas para funcionar de manera óptima.

6. Dieta radical: la mayoría de las personas

aumentan de peso cuando están estresadas y esto las hace probar dietas de moda peligrosas. Recuerde que las dietas que no están equilibradas o que no contienen la combinación correcta de carbohidratos, proteínas, grasas saludables, vitaminas y minerales son perjudiciales para su cuerpo y mente a largo plazo. No solo su cuerpo no puede funcionar correctamente, sino que se sentiría más fatigado, de mal humor y frustrado.

Planifique sus comidas y asegúrese de consumir la cantidad recomendada de nutrientes esenciales. Además, manténgase hidratado y beba al menos de 8 a 10 vasos de agua todos los días.

3. Hacer ejercicios diarios

15 a 20 minutos de ejercicio físico ligero pueden eliminar el estrés y mantener su cuerpo saludable. Salir a caminar por la mañana con una pelota antiestrés es un gran ejercicio. De hecho, las mascotas son maravillosos compañeros de entrenamiento. Si le gusta ir al gimnasio, eso es aún mejor. En pocas palabras, vaya

al gimnasio y libérese de los problemas, mantenga sus niveles de ansiedad bajo control.

4. Convivir con gente de su agrado

Contar con un gran apoyo social puede ayudarlo a llevar una vida más saludable y feliz. Los mejores amigos le apoyan cuando necesita desahogarse, cuando está triste e incluso cuando está confundido. Puede expandir su círculo social y hacer nuevos amigos, sin embargo, manténgase alejado de las malas influencias.

5. Estar concentrado

Cuando vea la ansiedad como un desafío y no como una amenaza, tendrá la capacidad de manejar mejor la situación. Ponga sus habilidades en práctica para resolver problemas y asuma los "desafíos" que la vida le depara.

6. Tener actitud positiva

Cualquier situación o experiencia sera menos o más estresante dependiendo de su punto de vista. Trate de ver las cosas desde un estado de ánimo optimista. Esto no solo disminuirá su nivel de estrés, sino que también tendrá más éxito en la vida.

## 7. Realizar actividades de relajación

Para reducir la intensidad de los síntomas de ansiedad, es necesario reconocer los primeros síntomas del estrés. Una vez que note los primeros síntomas de estrés, puede prevenir la ansiedad distrayendo su mente.

Realizar una actividad relajante distrae su mente y evita que la ansiedad se intensifique. A algunas personas les encanta relajarse haciendo yoga, escuchando música e incluso leyendo un libro.

## Capítulo Cuatro: Relajación muscular profunda para combatir la ansiedad

La relajación muscular profunda alivia los síntomas del estrés. Los siguientes ejercicios de relajación pueden ayudarlo a calmarse y combatir la ansiedad de la mejor manera posible.

A pesar de que las técnicas de relajación no eliminan la ansiedad de inmediato, se sentirá más seguro para poder lidiar con ella. Los ejercicios de respiración combinados con técnicas de relajación muscular pueden liberar el estrés de su cuerpo y despejar su mente.

No se preocupe si le resulta difícil realizar estos ejercicios y relajarse al principio. Es necesario ser paciente, ya que los grandes resultados vendrán con la práctica.

### *Control y relajación de la respiración*

Cuando se pone ansioso, empieza a respirar más rápido. A veces, puede empezar a tragar aire pensando que se va a asfixiar. La respiración inapropiada durante un ataque de pánico puede hacer que se sienta mareado y, por lo tanto, más ansioso.

Puede practicar la respiración controlada para lograr un ritmo normal. Primero, encuentre un lugar tranquilo donde no le molesten. A continuación, póngase cómodo: aflójese la ropa ajustada y los zapatos que lleva puestos. Es mejor realizar este ejercicio en el suelo o en una colchoneta para yoga. También puede sentarse en una silla o en una cama cómoda.

Una vez que se encuentre en una posición cómoda (siéntese con la espalda recta o recuéstese en el piso o la cama), coloque los brazos en el costado de su cuerpo con las palmas hacia arriba.

Si está sentado en una silla, coloque los brazos sobre el apoyabrazos o las piernas. Si está acostado en el piso, la colchoneta o su cama, estire las piernas para que queden separadas a la altura de la cadera. No cruce las piernas si está sentado en una silla o en su cama.

Ahora, concéntrese en su respiración: observe cómo inhala y exhala lentamente a un ritmo normal. Cálmese y trate de relajarse. Recuerde que debe llenar sus pulmones con aire sin tanta fuerza. Respire normalmente y piense que está tratando de llenar una botella vacía con agua.

Inhale lentamente por la nariz y exhale por la boca. Ahora, inhale lentamente y cuente del 1 al 5. Sin pensarlo, deje que el aire escape lentamente. Repita el conteo del uno al cinco cuando exhale.

Siga haciendo este ejercicio durante 3 a 4 minutos, dos o tres veces al día y cuando se sienta estresado. Respire normalmente sin detenerse o aguantar la respiración.

Como cualquier otra habilidad, la respiración controlada toma tiempo para aprender. Siga practicandolo a diario y siempre que se sienta estresado. Además, tome nota de lo ansioso que se siente antes y después del ejercicio, califique sus niveles de ansiedad en una escala del 0 al 10.

### Relajación muscular profunda

Este ejercicio dura alrededor de 15 a 20 minutos. Se enfoca en diferentes grupos musculares: el ejercicio consiste en estirar y relajar los diferentes músculos de su cuerpo para liberar la tensión y relajar la mente. Es recomendable respirar de forma normal mientras realiza el ejercicio.

Lo mejor es elegir una hora del día en la que se sienta más relajado. Encuentre un lugar cálido, cómodo y tranquilo, sin distracciones y muévase a una posición cómoda. Puede realizar estos ejercicios mientras está sentado o acostado.

Siéntese o acuéstese, cierre los ojos y concéntrese en respirar. Respire lenta y profundamente como se describe en el ejercicio anterior. Puede poner una música relajante para que se relaje. Tener velas perfumadas o un difusor de aceites esenciales también es una gran idea.

Al igual que con la respiración controlada, la relajación muscular profunda también requiere un poco de práctica antes de empezar a tener resultados. Para cada grupo muscular, mantenga el estiramiento durante unos segundos y luego relájese. Repita el paso un par de veces si lo desea. Note cómo se sienten sus músculos cuando está tenso y luego suelte esa tensión. Lo mejor es mantener el mismo orden que se menciona a continuación a medida que trabaja los grupos musculares.

**Muñecas y manos:**

Dirija las manos hacia usted para estirar las muñecas. Haga puño en ambas manos y luego estire los dedos y el pulgar para relajarse.

**Brazos:**

Estire los brazos alejándolos del cuerpo, sienta la tensión en la parte superior de su brazo. Mantenga la posición durante unos segundos y luego relájese.

**Cuello:**

Incline suavemente la cabeza hacia atrás y muévala de lado a lado. Ahora, mueva lentamente su barbilla hacia el pecho y lleve su cabeza hacia adelante a una posición cómoda.

**Cara:**

Hay varios músculos en su cara, pero sólo puede pensar en sus cejas y mandíbula. Presione las cejas como si estuviera frunciendo el ceño y relájese. Luego, apriete la mandíbula con fuerza y note la diferencia al relajarse.

**Hombros:**

Encoja los hombros y luego relájelos.

**Pecho:**

Respire profundamente - sienta sus pulmones inflarseprofundamente, manténgalos inflados por unos segundos y luego exhale lentamente.

**Piernas:**

Estire la pierna y mueva los dedos de los pies. Luego, extiendalos dedos de los pies, vuelva a la posición normal y relájese.

Permanezca recostado en silencio por un momento una vez que haya terminado con su ejercicio de relajación. Mantenga los ojos cerrados por unos minutos. Cuando esté listo, estírese y levántese lentamente.

## Capítulo Cinco: Cambiar su forma de pensar vinculada con la ansiedad

Cuando su mente deja de preocuparse por los síntomas, descubrirá que la ansiedad a menudo desaparece repentinamente. Eche un vistazo a su alrededor. ¿Qué tipo de personas están caminando a su alrededor? De qué están hablando?

La ansiedad puede ser incómoda, pero la relajación muscular profunda y los ejercicios de respiración pueden ayudar a reducir esta molestia. Como se dijo anteriormente, sus pensamientos negativos pueden seguir manteniendo el círculo vicioso de ansiedad.

Por ejemplo: está atrapado en el tráfico y, de repente, siente dolor en el pecho. Todo tipo de pensamientos terribles comienzan a pasar por su mente: "¡tal vez me está dando un ataque al corazón!" Esto, por supuesto, es aterrador y, lo que es peor, es que este pensamiento hace que su corazón se acelere aun más.

Si bien puede imaginar una ambulancia en camino, piense en lo siguiente:

1. ¿Qué pensamientos pasan por su mente

cuando está ansioso?

2. ¿Hay algún pensamiento que lo haga sentirse peor?

3. ¿Se imagina lo peor que puede pasar?

No siempre es fácil saber qué es lo que puede empeorar sus niveles de ansiedad. Pero hay que recordar que los pensamientos son importantes. Ningún pensamiento es demasiado pequeño o demasiado tonto. Recuerde la última vez que se sintió ansioso y vea si puede anotar los pensamientos aterradores en un diario. Una vez que sepa lo que está pensando, puede romper el círculo vicioso de ansiedad al distraer sus pensamientos. Pregúntese:

1. ¿Todo lo exagera? - ¡Nada dura para siempre!

2. ¿Se precipita? - ¡Tengo un dolor en el pecho, debe ser un ataque al corazón!

3. ¿Siempre se enfoca en lo malo? - Tuve un día terrible y aún falta lo peor.

Su objetivo debe ser llenar tu mente con pensamientos concretos, es decir, receptarlos pensamientos que son motivo de ansiedad y responderlos con pensamientos positivos casi al instante.

Cambiar la conducta vinculada con la ansiedad también puede ayudarlo a enfrentar los molestos síntomas. Por supuesto, cambiar los pensamientos y la conducta lleva tiempo, pero la mejoría se empezará a notar de forma progresiva.

Como cualquier otra actividad, necesita fijarse metas pequeñas. ¿Tratade escapar de situaciones que lo ponen ansioso? Cuanto más tiempo se queda en una situación aterradora; Usted creerá que sus niveles de ansiedad seguirán empeorando y empeorando, pero curiosamente, este no es el caso. La ansiedad, por lo general, alcanza un nivel alto y luego comienza a desaparecer.

En lugar de aferrarse a los pensamientos que causan ansiedad, verifique si dichos pensamientos en verdad pueden suceder. Recuerde que cuanto más tiempo evite algo, más difícil le parecerá superarlo y esto, a su vez, lo pondrá más ansioso.

# Capítulo Seis: Maneras de acabar con la ansiedad social

Las personas con ansiedad social como usted pueden sentir algún miedo y evitar situaciones de tipo social. Les asusta el hecho de que las personas los van a juzgar o, peor aún, van a hacer algo vergonzoso.

La ansiedad social se convierte en un problema cuando comienza a interferir en su vida profesional y personal. El primer paso para controlar la ansiedad social consiste en conocer sus síntomas.

¿Se siente nervioso hablando con un compañero de trabajo? ¿Experimenta síntomas como rubor, sudoración, aumento de palpitaciones al hablar en una reunión?

Sentirse ansioso es incómodo, pero aprender a relajarse puede facilitarle la vida. Los ejercicios de respiración controlada y relajación muscular mencionados en la sección anterior pueden ayudarlo a calmarse de manera inmediata. Recuerde que estas estrategias no eliminan la ansiedad por completo, pero ayudan a controlar la tensión en general y el estrés que son la causa de los problemas de ansiedad.

## Diagnóstico

Suele tener pensamientos negativos acerca de su persona y lo que sucederá en situaciones de tipo social cuando esté ansioso. Los pensamientos comunes incluyen:

1. A nadie le agrado.
2. Voy a decir algo tonto.
3. Haré algo estúpido y la gente se reirá.
4. No soy tan inteligente y guapo como otras personas.
5. A nadie le gusta hablar conmigo.
6. Los demás creen que soy aburrido.

Es importante darse cuenta de que sus pensamientos son simples suposiciones. Así que pregúntese qué es lo peor que puede pasar. Anote sus miedos y pensamientos negativos que pasan por su cabeza en ese momento. También es bueno averiguar si sus pensamientos le generan algún beneficio y, lo más importante, si se basan en hechos reales. Aquí hay algunas preguntas que le ayudarán a evaluar sus pensamientos.

1. ¿Estoy 100% seguro de que ___________ sucederá?

2. ¿Hago lo que ___________ dice para alcanzar mis metas?

3. ¿Qué es lo peor que podría pasar?

4. ¿Soy responsable de lo que se menciona en cualquier conversación?

5. ¿Qué puedo hacer para manejar esta situación?

6. ¿Tengo que complacer a todos?

7. ¿Cuál es la mejor manera de controlar esta situación?

¿Es cierto que su mente se queda en blanco cuando hay una reunión? ¡No, no al 100%!

¿Cuántas veces ha dicho algo estúpido en una fiesta? Bueno, un par de veces, pero no siempre.

La conclusión es que todos cometen errores. Eso es correcto, nadie es perfecto. Además, es muy poco realista pensar que usted va a ser de agrado de cada persona... ¿todos le caen bien? ¿No ha visto cometer algún error a su CEO en la reunión? Está bien sentirse ansioso e imperfecto. De hecho, es parte de ser humano. En lugar de evitar situaciones de tipo social, luche contra sus pensamientos negativos y enfrente sus miedos.

Haga una lista de las situaciones de tipo social que teme - puede incluir hablar en público, socializar, comer / beber frente a otras personas, interactuar con nuevas personas y hablar con autoridades.

Una vez que haya hecho la lista, ordene sus temores desde los menos aterradores hasta los más terroríficos y vea qué puede hacer para enfrentarlos.

Por ejemplo, si está preocupado por decir algo tonto, deje que los demássigan conversando para que la atención se centre en ellos. Puede hablar lo menos posible para evitar llamar la atención sobre su personalidad.

Una vez que adquiera confianza para enfrentar situaciones de tipo social, enfóquese en expandir su red social. Ingrese a un gimnasio o club deportivo local para comenzar a interactuar con nuevas personas. No espere hacer nuevos amigos cuando se encuentre con ellos por primera vez. Recuerde que lleva tiempo desarrollar nuevas amistades y relaciones. Mejorar sus habilidades de comunicación y desarrollar su confianza en sí mismo puede ayudarlo a superar la ansiedad social de manera efectiva. Recuerde que manejar la ansiedad social requiere de un arduo trabajo. Incluso si está notando pequeñas mejorías, mantenga los cambios y conviértalos en un hábito. Es efectivoaun después de que haya alcanzado sus metas y haya empezado a sentirse mejor.

# Capítulo Siete: Ocho pasos para tener amor propio

Quiere dar amor y afecto a todos los que le rodean, pero ¿qué hay de usted? ¿Tiene tiempo para usted mismo? Recuerde que no puede derramar un vaso vacío. Si quiere ser bueno en dar a los demás, empiece por tener amor propio aplicando algunos sencillos consejos.

## 1. Aprenda a calmarse

Comience con la respiración lenta y profunda, también puede practicar ejercicios de respiración para una relajación profunda. Elimine los pensamientos negativos de su mente y piense en los factores estresantes con los que se enfrenta a diario. Ahora, dese un buen masaje de pies o un buen estiramiento corporal. Debe enfocar sus pensamientos en cosas positivas que están sucediendo ahora, en ese momento.

La meditación es una excelente manera de relajar la mente y el cuerpo. Después de una breve sesión de meditación de 10 a 15 minutos, se sentirá más relajado, revitalizado y tranquilo.

## 2.  No es cuestión de ser perfecto

Deje de aterrorizarse con la idea de ser perfecto. De hecho, es una manera terrible de vivir. Aprecie sus habilidades y cualidades, y siéntase bien consigo mismo. A menudo no estamos acostumbrados a identificar aspectos positivos o cualidades propiamente nuestras. Averigüe lo que lo hace especial y cuáles son sus aspectos positivos: ¡después de todo, existen!

## 3.  No es como dicen los demás

Desafortunadamente, la gente siempre encontrará una cualidad negativa, por lo que es mejor ignorar. Adopte una actitud positiva de sí mismo, ignore las críticas más comunes y las opiniones negativas de los demás. Siéntase orgulloso de quién es y de lo que ha logrado como persona. Le hará sentir mejor.

## 4.  No sea duroconsigomismo

¿Con qué frecuencia se culpa por los errores que ha cometido anteriormente? Bueno, es perfectamente humano hacer las cosas mal y este es el momento adecuado para dejar de pensar en las cosas que no hizo bien.

Además de perdonarse a sí mismo, aprenda de sus errores y siga adelante. Recuerde que amarse a sí mismo significa amar todo de usted, incluso sus errores.

## 5. Eliminelospensamientosnegativos

Los pensamientos negativos arruinan su vida. Cuando las emociones negativas como el estrés, la ansiedad, la frustración y el odio llenan su mente, es incapaz de luchar contra los numerosos obstáculos que hay en la vida. Lo peor es que los pensamientos negativos agotan su energía. Cuanto más se rinda ante ellos, más fuertes se volverán. Tener una actitud positiva puede ayudarlo a deshacerse de los pensamientos y emociones negativos.

Cuide sus pensamientos, porque se convierten en palabras.

Cuide sus palabras, porque se convierten en acciones.

Cuide sus acciones, porque se convierten en hábitos.

Cuide sus hábitos, porque se convierten en su personalidad.

Cuide su personalidad, porque se convierte en su destino.

## 6. Comprender que ustedesúnico

Las cosas buenas sólo suceden cuando comienza a creer que valen la pena. Cambie las típicas formas de pensar y recuerde que sólo usted puede cambiar su destino. Eso es correcto. Es la única persona que tiene control sobre su vida. No espere a que los demás le amen o le hagan sentir especial. Su vida comenzará a cambiar cuando cambie lo suficiente. Valórese a sí mismo antes de convencer a alguien más para que lo haga por usted.

## 7. Descubra qué es lo mejor para su vida

Deshágase de las malas influencias; es más, deshágase detodas las fuerzas negativas en su vida. Comience a pensar positivamente, haga una dieta saludable y duerma lo suficiente. También puede dedicar tiempo a hacer lo que le gusta para que su vida tenga sentido y, lo más importante, sea feliz.

## 8. Dediquetiempo para símismo

Debido a que todos estamos tan ocupados, ¿cómo puede dedicar tiempo para usted? Las exigencias de la vida y las expectativas de quienes le rodean pueden hacer que sea un gran desafío el poder pasar tiempo consigo mismo. Para tomarse un tiempo, averigüe por qué necesita más tiempo para usted. Después de todo, estará más motivado en esforzarse si tiene un objetivo específico en mente.

A continuación, identifique cómo pasa su tiempo. La clave está en es seguir preguntándose si está dedicando su tiempo a la actividad correcta.

Por último, anote todas las actividades que desea hacer más; éstas pueden ser cosas que lo hagan sentir feliz y relajado. Clasifique las actividades en orden de importancia para usted y luego seleccione una o dos para enfocarse en ellas.

# Conclusión

¿Cuántas veces ha pensado en rendirse porque no pudo hacer nada contra la ansiedad? Después de leer esta guía de autoayuda, sabrá lo que hay que hacer para superar los síntomas de la ansiedad, cómo puede pasar tiempo de calidad con sus seres queridos y sentirse bien consigo mismo.

Esperamos que esta breve guía pueda aumentar su nivel de felicidad y disminuir su nivel de ansiedad. Recuerde que hasta los cambios más pequeños cuentan, así que no comprometa lo que realmente le gustaría hacer y mejore su vida.

Esta guía de autoayuda es el primer paso hacia el cambio. La conclusión es que necesita rodearse de positivismo para tener una mentalidad más optimista y positiva. Definitivamente se sorprenderá al ver la diferencia que provoca un simple cambio en sus pensamientos.

# Parte 2

# Introducción

Quiero agradecerte y felicitarte por descargar el libro.

La ansiedad no es un concepto extraño. Todo el mundo ha experimentado ese momento fugaz de incertidumbre, preocupación, temor y temor que se deriva de anticipar una situación, evento o circunstancia real o imaginaria.

Puede estar ansioso por saber qué cocinar para sus invitados, qué ponerse para una función, reunirse con amigos, cruzar la calle, una entrevista de trabajo, y así sucesivamente. Eso es normal. Tal ansiedad suele durar unos minutos antes de irse.

En pequeñas dosis, la ansiedad no es nada malo. En realidad, puede alertarlo sobre el peligro, motivarlo para prepararse para ciertas situaciones y protegerlo del peligro al desencadenar la respuesta de lucha o huida. La ansiedad solo se convierte en un problema real cuando persiste durante horas, días, semanas o meses.

La ansiedad que ha sobrepasado su

bienvenida se vuelve letal porque conlleva ciertas implicaciones psicológicas, fisiológicas y emocionales que pueden afectar negativamente su vida y traerle una miseria incalculable. Aunque no tiene que ser así; no tienes que vivir con ansiedad ¡Puedes hacer algo al respecto, HOY!

En esta guía útil, analizaremos cómo reconocer la ansiedad, cómo la ansiedad afecta tu vida y cómo puedes vencer la ansiedad y crear un camino claro hacia la felicidad.

Gracias de nuevo por descargar este libro, ¡espero que lo disfruten!

# Capítulo 1: Comprender los síntomas de la ansiedad

Este es el trato: cuando te sientes ansioso, tu cuerpo reacciona activando la respuesta al estrés o la respuesta de lucha o huida. El propósito de esta respuesta es proporcionar un aumento adicional a tus niveles de energía y conciencia para que puedas tener la claridad mental y la energía que necesitas para salir del peligro.

La respuesta al estrés provoca ciertos cambios en tu cuerpo. Éstos incluyen:

• Falta de aliento
• Dolor de pecho
• Sudoración
• Temblor
• Sentirse nervioso, tenso o inquieto
• Dolor o malestar en el estómago
• Sentirse nebuloso o separado de uno mismo.
• Dolores de cabeza
• Sentirse muy frío o caliente.
• Entumecimiento u hormigueo
• Sentirse débil o cansado
• Problemas para concentrarse

- Problemas para dormir
- Sentir un nudo en la garganta.
- Experimentar una sensación de fatalidad, pánico o peligro inminente

Por supuesto, diferentes personas pueden exhibir diversos síntomas. Como ya se dijo, un poco de ansiedad es normal. Sin embargo, ¿te imaginas los efectos de estar en un tornado de ansiedad sin fin? Eso es lo que sucede cuando vuelven a surgir sus preocupaciones y experimenta los síntomas anteriores repetidamente. Los síntomas de la ansiedad no se detienen ahí:

Otros síntomas de ansiedad incluyen:

Preocupación excesiva

Ansiedad y preocupación van de la mano. Cuando te preocupas excesivamente, los pensamientos que van desde lo razonable hasta lo extremo hacen que tu mente se convierta en su morada. Algunas de las cosas por las que puede preocuparse pueden incluir cosas como fallar una entrevista, arruinar un proyecto, los gérmenes, sus compañeros de trabajo que se ríen de usted o su pareja, olvidándose de reunirse con usted para su noche de cita programada. En otras palabras, puede preocuparse mucho por una serie de cosas. El problema con la preocupación excesiva es que ocupa mucho tiempo. También conduce a cuestiones como la evitación.

### *Evasión*

La evasión es otro comportamiento asociado a la ansiedad. Cuando está excesivamente preocupado por las cosas, puede reaccionar negándose a ir a ciertos lugares o negándose a hacer ciertas cosas. Puedes:
* Evita ciertas áreas por temor a la exposición a gérmenes o enfermedades
* Se niega a someterse a un chequeo médico de rutina
* Le resulta difícil hablar en el trabajo o en público
* Negarse a aceptar invitaciones sociales debido a temores sociales
* Usa ciertas rutas porque le teme a las áreas con mucha gente o al pasar por cosas como túneles o puentes

• Estar excesivamente preocupado por cometer errores o desear alcanzar la perfección en lo que se refiere a proyectos de trabajo y apariencia.

• El miedo al fracaso, que puede llevarlo a dejar pasar grandes oportunidades.

Evitar es solo una forma de no enfrentar situaciones potencialmente estresantes. No le ayuda y, en muchos casos, interfiere con su felicidad y sus posibilidades de éxito. Aparte de la evasión, la ansiedad también puede crear dependencia.

## *Dependencia*

Como niño, dependía de su padre o tutor para satisfacer sus diversas necesidades. Ahora que es un adulto, debe poder hacer ciertas cosas sin buscar ayuda ni consuelo. Desafortunadamente, la ansiedad crea dependencia. Te hace:

• Hacer las mismas preguntas repetidamente

• Exige confort incluso en situaciones que no son amenazantes.

• Pedir a los demás orientación a través de tareas rutinarias

- Consulte con su pareja acerca de todo tipo de cosas
- Involucra a su pareja negándose a separarse de él o ella durante más de unas pocas horas
- Viaja con alguien en caso de que tengas un ataque de ansiedad.
- Sigue revisando para ver si un amigo te conocerá
- Necesita la seguridad de que no se enfermará
- Sigue viviendo con tus padres mucho después de que tus compañeros hayan abandonado sus respectivos hogares de padres y hayan comenzado a depender de ellos mismos

Por supuesto, es común buscar ayuda o buscar apoyo cuando se enfrenta a situaciones nuevas o desafiantes. Sin embargo, la ansiedad lleva buscando ayuda o apoyo por la borda. Esto es especialmente así porque también tiende a pintar el peor escenario.

### *Esperando que suceda lo peor*

Después de sufrir ansiedad, puede

identificarse no solo con preocuparse mucho, sino con una preocupación extrema y, en el curso de su preocupación, su cerebro pinta un cuadro cada vez más sombrío. Por lo tanto, es común que las personas ansiosas esperen siempre que suceda lo peor.

### Se pone peor.

Cuando estás ansioso de forma crónica, puedes comenzar a sacar conclusiones extremas, incluso cuando solo tienes información vaga. Tu mente evoca rápidamente el peor de los casos. Esto hace que te preocupes durante horas por hacer incluso las cosas más mundanas. Peor aún, puedes comenzar a verte a ti mismo como inútil, desagradable, incompetente o incluso feo. Este exceso puede llevar a un funcionamiento deficiente.

### Funcionamiento deteriorado

Lo que pasa con la ansiedad es que cuando se acumula, afecta negativamente todos los aspectos de tu vida y, antes de que te des cuenta, te estás perdiendo actividades y momentos importantes. La ansiedad no solo afecta su salud física, también afecta su salud mental, y cuando lo hace, se encontrará luchando para cumplir con sus deberes. Puede comenzar a olvidar cosas, luchar para levantarse por la mañana, luchar para mantenerse enfocado y no alcanzar su potencial. Las cosas tales como socializar con amigos se volverán difíciles hasta el punto en que los abandones.

Esta no es manera de vivir tu vida. Sin embargo, hay esperanza; no tienes que vivir con ansiedad De hecho, puedes comenzar a hacer una serie de cosas para derrotarla. Puedes empezar por abrazar las técnicas de relajación.

# Capítulo 2: Técnicas de relajación que te ayudarán a vencer tu ansiedad

Cuando estás ansioso, tu cuerpo inicia la respuesta al estrés. Esta respuesta es muy bienvenida en emergencias porque los cambios de gran alcance que trae en el cuerpo le permiten actuar rápidamente.

Sin embargo, cuando está ansioso de forma crónica, la respuesta al estrés se activa constantemente y, en lugar de ser útil, le cuesta mucho a su cuerpo. Te agota físicamente y causa estragos en tu salud emocional. Desafortunadamente, puede que no sea posible evitar todo el estrés. Sin embargo, puede aprender cómo iniciar la respuesta de relajación.

Como su nombre lo indica, la respuesta de relajación hace exactamente eso; lleva a tu cuerpo a un estado de descanso profundo o relajación. Efectivamente devuelve el equilibrio tanto a tu cuerpo como a tu mente. Una vez que active la respuesta de relajación, su respiración se hará más lenta y su ritmo cardíaco se normalizará y luego se relajará. Sus músculos se relajarán y su presión arterial se estabilizará o disminuirá. Esto significa que al activar la respuesta de relajación, eliminará la mayoría de los síntomas asociados con la respuesta al estrés o la ansiedad.

Hay varias formas de provocar la respuesta de relajación. Éstos incluyen:

### *Respiración profunda*

La falta de aliento es uno de los síntomas de la ansiedad crónica. Esto se debe a que cuando la ansiedad crónica activa la respuesta al estrés, terminas respirando superficialmente desde la parte superior del pecho. La respiración profunda desde su abdomen asegura que usted extraiga más oxígeno hacia sus pulmones, lo que lleva a menos tensión y, por lo tanto, a la relajación.

Cómo practicar la respiración profunda para aliviar la ansiedad y la relajación

• Para practicar la respiración profunda, comience por sentarse en una silla con la espalda recta.

• Luego, coloque una mano sobre su estómago y la otra sobre su pecho, y luego respire por la nariz. Respire de una manera que asegure que la mano en el área de su pecho no se mueva tanto como respira de manera profunda y esquemática.

• Al respirar, notará que su estómago se expande y la mano que se encuentra en su área del estómago se moverá hacia afuera.

• Luego, exhale por la boca mientras

mantiene la mano sobre su pecho inmóvil. Su otra mano, la que está en su barriga, se moverá hacia adentro cuando empuje la mayor cantidad de aire posible.

• Continúe respirando profundamente hasta que se sienta calmado y relajado (5 a 15 minutos es suficiente).

## Meditación de la conciencia plena

La meditación de atención plena es un tipo de meditación que cambia su enfoque hacia el presente. Su objetivo es garantizar que esté totalmente involucrado en el momento presente, por lo que es una de las formas más efectivas de lidiar con la ansiedad crónica.

## Piénsalo.

Muchas veces, está ansioso por cosas que ya sucedieron o cosas que pueden suceder en el futuro. Esto mantiene su mente repasando los problemas y creando repetidamente los peores escenarios.

Aquí está la cosa sin embargo no puedes vivir en el pasado ni puedes predecir el futuro sin importar lo preocupado que estés por ello. Lo mejor que puedes hacer es prepararte para el futuro, pero sigue viviendo tu vida actual.

Debido a que le permite vivir y experimentar el momento presente, la meditación de atención plena es muy efectiva cuando se trata de aliviar el estrés y la ansiedad. Pero, ¿qué implica o significa ser consciente del momento presente?

## *Cómo ser consciente*

Lo primero que se debe tener en cuenta es que la forma más sencilla de practicar la meditación consciente es centrarse en una sola acción repetitiva. Esta acción puede ser tu respiración, un mantra o la luz de una vela. Todo tu enfoque debe estar en esa única cosa.

Comience por ir a un entorno tranquilo que bloquee todas las formas de perturbaciones. Una vez que esté en un lugar así, siéntese en una posición cómoda y luego comience a concentrarse en esa única cosa. Por ejemplo, si decides enfocarte en la llama de una vela, observa la llama sin pensar en nada más. Si tu mente divaga, no te enojes. En cambio, vuelve a centrarte en la llama.

También puedes combinar la atención plena con la respiración profunda. En este caso, solo tendrá que concentrarse en su respiración. Concéntrese en cada naturaleza de la forma en que inhala la respiración a través de la nariz y la boca. Como siempre, no sea crítico con los pensamientos que puedan surgir durante la práctica y no se concentre en ninguno específico; simplemente déjalos pasar como nubes en el cielo y, en cambio, vuelve a enfocar tu mente en tu respiración cada vez que vaga y comienza a acaparar los pensamientos que pasan a través de ella. Al principio, esto requerirá mucho esfuerzo, pero con práctica y consistencia, se volverá más fácil y aprenderá a ser menos crítico con sus pensamientos.

La atención plena te enseña a mirar las cosas sin ser crítico. Esta naturaleza observadora lo ayudará a estudiar sus emociones y a poner sus preocupaciones en perspectiva, lo que luego lo ayudará a disminuir su ansiedad.

### Movimiento rítmico

Asociamos ejercicio con sudor y trabajo duro. Eso no es todo el ejercicio es; También es una excelente manera de relajar los músculos, la mente y todo el cuerpo. Los movimientos rítmicos, en particular, relajan tu mente a través de movimientos repetitivos. Algunos de los ejercicios de movimiento rítmico que puede probar incluyen cosas como caminar, correr, escalar, remar, nadar o bailar. Tales ejercicios trabajan para aliviar el estrés. Además de los beneficios de alivio del estrés, puede aumentar la efectividad de estos ejercicios agregando un componente de atención plena alentrenamiento que sea en el que estés involucrado.

***Aquí es cómo puede hacer esto:***

Bueno, la atención plena requiere que te involucres en el momento presente. Por lo tanto, para agregar atención a la forma elegida de ejercicio, solo necesita concentrarse en cada naturaleza de su cuerpo y en cómo se siente al participar en el ejercicio.

Concéntrese en sus movimientos y las diversas sensaciones en sus extremidades. Concéntrese en cosas como el viento en su cara, su pie cuando toca el suelo o incluso el ritmo de su respiración. Esto lo arraigará en el momento presente y le enseñará a su mente a centrarse en el ahora en lugar de preocuparse por otras cosas. Si notas que tu mente vaga, no te preocupes; en su lugar, vuelva a enfocarse suavemente en sus movimientos y respiración.

Las técnicas de relajación pueden ser muy beneficiosas cuando experimenta un ataque de ansiedad. Ayudan a disminuir la frecuencia cardíaca y disminuyen la respiración. También bajan la presión arterial. Sin embargo, cuando se trata de derrotar a la ansiedad, la relajación no es más que un primer paso en una estrategia múltiple. La verdad es que para superar la ansiedad crónica para el bien, necesita algo más que saber cómo aliviar los síntomas de ansiedad. También necesitas saber cómo controlar tu preocupación.

# Capítulo 3: Cómo controlar tu preocupación

Como saben, preocuparse es uno de los componentes de la ansiedad crónica. Cuando la preocupación crónica consume tu mente, te vuelves ansioso y temeroso. Tu mente comienza a imaginar los peores escenarios y la consumación con "qué pasaría si" se profundiza.

Como se indicó anteriormente, preocuparse puede ser bueno si lo impulsa a la acción. Por ejemplo, si está preocupado por lo preparado que está para un próximo proyecto, y esa preocupación lo lleva a investigar más y ensayar su presentación, eso es algo bueno. Sin embargo, si estás tan consumido con lo que podría pasar que te pasas todo el día imaginándote lo peor en lugar de prepararte para el proyecto, ese tipo de preocupación es problemático.

La preocupación excesiva puede paralizarte. Una razón para esto es porque trae consigo muchas dudas y miedos, eleva su nivel de ansiedad hasta un punto en el que comienza a pensar que no tiene solución o forma de salir de un apuro o sensación de que no hay necesidad de intentarlo porque Apesta de todos modos. "Este tren de pensamiento no es uno al que debas cortejar.

La buena noticia es que tiene la capacidad de darle a su mente una nueva perspectiva y entrenarla para mantener la calma incluso en las situaciones más desconcertantes. Para hacer esto, debes:

### *Crear un período de preocupación*

Si bien es probable que tenga mucho de qué preocuparse, no necesita preocuparse por ello en cada momento de vigilia. Puedes (y debes) poner la preocupación en su lugar. Una forma efectiva de hacerlo (poner la preocupación en su lugar) es creando un período de preocupación. Durante este período, puedes preocuparte por el deseo de tu corazón. Puede preocuparse por cosas pequeñas o grandes, siempre y cuando se preocupe dentro del período establecido.

Esto significa que tienes que determinar cuándo estarás preocupado. Elija el mismo tiempo de preocupación todos los días y tenga una hora de inicio y finalización. Esto le permitirá pasar su día sin preocuparse. Cuando surge la preocupación durante el día, como lo hará a menudo, la posponen.

### Posponer su preocupación

Posponga efectivamente su preocupación al período de preocupación. Anote la preocupación y luego colóquela en el quemador posterior. Esto tiene dos ventajas.

Primero, le permite a tu cerebro saber que no estás ignorando el problema, ya que has establecido un momento adecuado para pensar en ello. En segundo lugar, le permite pasar el día sin preocuparse demasiado por el problema. Una vez que termina su día, puede comenzar a preocuparse durante el período de preocupación designado.

### Preocuparse sólo durante el período designado

Ahora que ha creado una lista de preocupaciones, debe seguir adelante y prestarle atención durante el período de preocupación. Repase todos los elementos de su lista e identifique aquellos en los que necesita dedicar tiempo. Es probable que descubra que no necesita preocuparse por algunos de los artículos. Si lo hace, pase al siguiente elemento. A medida que recorre su lista, tenga en mente su período de preocupación. Una vez que se acabe el tiempo, tienes que pasar a otras cosas.

## *Participar en la resolución de problemas*

Preocuparse no es una solución. Su trabajo es alertarte sobre una situación que requiere atención. La preocupación excesiva sin tomar acción no tiene sentido. Solo alimenta tu ansiedad y al final del día, te hace sentir miserable. En algún momento, debe involucrarse en la resolución de problemas.

### *¿Qué es la resolución de problemas?*

En la resolución de problemas, evalúa un problema o una situación y luego determina qué pasos tomar para tratar el problema. Sin embargo, no se detiene ahí:

tiene que "implementar" la solución al problema (debe tomar medidas).

Comience por estudiar sus preocupaciones y luego colóquelas en dos categorías. La primera categoría debe tener preocupaciones solubles. Estas son preocupaciones que tienen una solución real. Por ejemplo, puede preocuparse por llegar tarde al trabajo. Las preocupaciones que llegan a tu lista de preocupaciones solucionables deben ser todas las preocupaciones sobre las que puedes hacer algo.

Las preocupaciones solubles tienen soluciones. Para determinar cuáles son esas soluciones, participe en una sesión de lluvia de ideas. Siguiendo con nuestro ejemplo anterior, enumere las diversas acciones que puede tomar para evitar llegar tarde al trabajo. Esto puede incluir acciones como acostarse temprano, prepararse para su día la noche anterior y programar una alarma. En otras palabras, no dejes de preocuparte; en su lugar, crea tu plan de acción y luego ejecútalo. Esto disminuirá su preocupación y le dará más control de la situación. ¿Qué debe hacer en una instancia donde su preocupación no tiene solución?

Si tiene una preocupación sin solución, colóquela en la categoría de preocupación sin solución. Esta categoría debe incluir todas las preocupaciones más allá de su control. Muchas de nuestras preocupaciones caen en esta categoría. Afectan sus sentimientos y lo hacen enojar o sentir miedo y, sin embargo, hay poco o nada que pueda hacer para garantizar el resultado que desea.

En este caso, necesitas aceptar tus sentimientos. No descartes tus preocupaciones. En su lugar, reconoce que ciertas cosas te preocupan y que las emociones tienden a ser desordenadas. Esto evitará que te castigues o te sientas abrumado cuando surja la preocupación. Recuerde que la ansiedad crónica puede ser paralizante. Si aceptas que hay cosas de las que te preocupas, no tendrás que alejarte del mundo solo porque estés preocupado por ellas.

## *Aceptar incertidumbre*

La incertidumbre va de la mano con preocupaciones sin solución. La vida es incierta: nada es una garantía. En la vida, las situaciones pueden cambiar en un abrir y cerrar de ojos. Necesitas aceptar esto. Es importante tener en cuenta que preocuparse es un intento de predecir el futuro. La preocupación sirve para ayudarlo a analizar situaciones en busca de peligros y sorpresas desagradables. El razonamiento de tu mente es que si te preocupas lo suficiente, cubrirás todas tus bases y controlarás el resultado. Esto es una ilusión.

Puedes pasar todo el día repasando escenarios en tu mente y, sin embargo, la realidad aún puede sorprenderte. El hecho es que eres un ser humano que trata con seres humanos impredecibles. Concédase a usted y a los demás un margen de maniobra cuando se trate de cómo reaccionará ante ciertas situaciones. Si todavía estás preocupado o ansioso, debes tomar al toro por los cuernos y desafiar tus pensamientos ansiosos.

# Capítulo 4: Desafía tus pensamientos ansiosos

Para vencer la ansiedad, necesitas desafiar los pensamientos ansiosos. Esto se debe a que sus pensamientos generan preocupaciones y temores que pueden llevar a la ansiedad crónica. Si está atrapado en pensamientos ansiosos, comenzará a pensar que cualquier pensamiento negativo que posea es un hecho. Tu mente sacará conclusiones y, en poco tiempo, comenzarás a dudar de ti mismo y de tu capacidad para manejar problemas.

*Entonces, ¿qué puedes hacer para prevenir esto?*

Lo primero que debe hacer es reconocer cuándo tiene actitudes pesimistas o distorsiones cognitivas. Las distorsiones cognitivas incluyen cosas tales como:

**Sobre generalización**: no debe generalizar en exceso las situaciones basadas en un encuentro o experiencia negativa. Las cosas cambian. Las circunstancias difieren y las personas crecen. Usted debe mirar en cada situación por sus propios méritos.

**Salta a la conclusión**: ya que no eres un lector mental o un adivino, la única forma en que realmente puedes saber lo que alguien está pensando es preguntándole a la persona. Antes de emitir un juicio o tomar decisiones, eche un vistazo crítico a los hechos.

**Esperando lo peor**: esperar que suceda lo peor no le da una ventaja, ni lo equipa para manejar cualquier situación (o la). En cambio, solo alimenta tu ansiedad y te paraliza en el miedo. Puede terminar perdiendo mucho porque deja que el miedo al fracaso lo asuste para que no intente lograr nada.

**Ver las cosas como negro o blanco**: Como hemos dicho, los seres humanos no son perfectos. Las situaciones rara vez son predecibles. Si ves las cosas como negro o blanco, te decepcionará la vida. Necesitas dejar espacio para errores y compromisos.

**Etiquetándote:** no te etiquetes por fallas. Los fracasos no te definen. No te hacen un perdedor. Solo significan que necesitas determinar otra forma de hacer las cosas. Tómalos como lecciones.

**Centrándose en los aspectos negativos**: si se concentra en los aspectos negativos, se frustrará constantemente. Esto se debe a que no verá todas las cosas que realmente ha tenido éxito. Toda su atención estará en esa única cosa que no fue conforme al plan.

**Desestimando sus logros**: no debe descartar ni disminuir las cosas o eventos positivos en su vida. No los atribuyas a la suerte ni los llames destino. En su lugar, acéptalos y permítete sentirte orgulloso de tus logros.

**Tener una lista de "debería no ser" y "debería"**: si eres demasiado estricto contigo mismo, puedes darte una paliza porque te falta la perfección. Si comete un error, debe reconocerlo y aprender de él. Repasar constantemente el error y darte una paliza porque no te sirve de nada.

**Personalización:** la personalización es algo que mucha gente hace. Se culpan a sí mismos incluso cuando no tenían control sobre la situación. Debe abstenerse de asumir responsabilidad por resultados o situaciones que no estén bajo su control.

**Confundir sentimientos con la realidad:** por ejemplo, si te sientes asustado o asustada, puedes comenzar a pensar que estás en un verdadero peligro físico. Tal es el caso cuando estás experimentando una ansiedad o un ataque de pánico. En tal situación, debe verificar los hechos y obligarse a reconocer las cosas que le rodean para que pueda volver a la realidad. De esta manera, podrás contrarrestar el razonamiento emocional.

Cuando experimente un pensamiento ansioso o un ataque de pánico, pregúntese si está dentro de alguna de estas categorías de distorsiones cognitivas. Si lo hace, debe recordarse que tales distorsiones no son la realidad. Ellas solo están ahí para alimentar su ansiedad. Déjalas ir.

Otra cosa que hacer cuando te enfrentas a un pensamiento ansioso es diseccionar el pensamiento. Trate de proporcionar tantos antecedentes y detalles como sea posible.

De esta manera, puede comenzar a cuestionar el pensamiento para determinar si es cierto o no. Si tiene miedo, siga adelante y determine la probabilidad de que ocurra la situación o el evento y luego verifique si hay otros resultados posibles. Esto evitará que te fijes en los peores escenarios.

Además, pregúntese qué le diría a otra persona que tenga el mismo pensamiento. Esto te ayudará a obtener una perspectiva y evitar que tus pensamientos te abrumen. Como tendemos a ser más duros con nosotros mismos, a menudo nublamos nuestra capacidad de pensamiento y, por lo tanto, terminamos tomando malas decisiones. Si te apartas de la situación, comenzarás a verlo desde otra perspectiva.

Otra cosa que puedes hacer para vencer los pensamientos de ansiedad es cuidarte.

# Capítulo 5: Derrotar la ansiedad cuidándose a sí mismo

No importa de cuántas cosas te preocupes, no debes descuidarte. De hecho, si usted prioriza su bienestar, tendrá menos de qué preocuparse. Para mantenerse al día con su cuidado personal, puede hacer cosas como:

**Ejercicio**

El ejercicio es bueno para tu mente y cuerpo. Es especialmente eficaz para aliviar la tensión y el estrés. También aumenta su salud mental y mejora su memoria y pensamiento. Cuando haces ejercicio regularmente, tendrás más energía y dormirás mejor. Además, el ejercicio mejora tu autoestima y resistencia. Todos estos beneficios hacen del ejercicio un excelente tratamiento contra la ansiedad.

Para beneficiarse del ejercicio, no tiene que hacer ejercicios vigorosos. Puedes comenzar con movimientos simples como caminar. Comience con una caminata de 10 minutos y aumente desde allí. Combina ejercicio con atención plena para obtener mejores resultados. Esto le ayudará a concentrarse en las sensaciones que experimenta a medida que se involucra en el ejercicio en lugar de en sus preocupaciones.

Si va a hacer ejercicio, no lo deje al azar. En su lugar, determina qué ejercicio vas a hacer y a qué hora lo harás. Además, obtenga la ropa adecuada y establezca varios objetivos para mantenerse motivado. También puede configurar un sistema de recompensas para que pueda recompensarse a sí mismo cada vez que alcance un objetivo en particular. Cuando comience a disfrutar de los beneficios del ejercicio, le resultará más fácil participar en él regularmente.

### Tomar un descanso

Como persona ansiosa, a menudo pensará demasiado todo y, en el proceso, descuidará las soluciones obvias. Esto sucede porque quieres cubrir todos los escenarios. Como resultado, terminas sin presentar un plan de acción claro que te ayude a encontrar soluciones para varios problemas.

Además, en lugar de hacer un plan de acción, puede concentrarse en repasar todas las cosas que necesita hacer sin lograr nada. Esto no debe ser alentado.

Es por esto que necesita tomar un descanso de vez en cuando. Esto le permitirá reponer su cuerpo y mente. Los descansos regulares le dan tiempo para absorber información y volver a enfocar su pensamiento. De esta manera, puede dedicar más tiempo a buscar soluciones en lugar de centrarse en sus preocupaciones.

### *Haz algo que disfrutes*

La ansiedad no es grande para sus emociones. Tiende a robarte tu alegría y felicidad. Esto puede hacer que sus días sean realmente sombríos. Puede recuperar parte de esa alegría al participar en algo que disfruta de vez en cuando.

Piensa en algo que realmente te gusta hacer y cómo te hace sentir. Una vez que tenga esta cosa o actividad en mente, encuentre el tiempo para participar en ella. Por ejemplo, si le gusta leer un libro, puede dedicar unos minutos cada día para disfrutar de la lectura. Esto le quitará la mente de sus preocupaciones y lo dejará con ese sentimiento bueno que proviene de saber que no se está descuidando.

## *Dormir*

La importancia del sueño no es algo que podamos exagerar. Si no duerme lo suficiente, puede terminar provocando ansiedad. La deuda del sueño conduce a la respuesta al estrés y los síntomas que la acompañan. Por eso es vital que duermas lo suficiente cada noche. Para mejorar tu sueño, puedes hacer varias cosas. Usted puede:

**Determine el período de sueño y vigilia:** para disfrutar de su sueño, primero debe asegurarse de tener suficiente tiempo para dormir. Esto significa que debe determinar a qué hora se irá a la cama y a qué hora se despertará. Esencialmente, si estás durmiendo bien, deberías poder despertarte sin la ayuda de un despertador. Si luchas para despertarte, deberías dormir un poco antes. Si tira y da vuelta antes de quedarse dormido, debería considerar dormir un poco más tarde. Una vez que descubras tu período ideal de sueño y vigilia, apégate a él.

**No duerma**: es posible que desee dormir especialmente durante los fines de semana, pero realmente debe evitar hacerlo. Esto se debe a que dormir dormido arruinará tu ciclo de sueño y vigilia. Si se acostó tarde, debería levantarse a la hora habitual y usar una siesta por la tarde para compensar la deuda del sueño.

Asegúrese de realizar una siesta inteligente cada vez que tome una siesta. No debe tomar una siesta por más de 15-20 minutos. Evite las siestas por la mañana o solo horas antes de acostarse. Si aún se siente somnoliento después de una siesta de la tarde, busque algo más que hacer y espere a que se acueste a la hora indicada por la noche.

**Mejore su entorno de sueño**: su entorno de sueño afectará su calidad de sueño. Tu cama debe ser para dormir. No debe usarlo como una extensión de su lugar de trabajo o entretenimiento. Además, debe mantener el ruido en su habitación bajo y asegurarse de que su habitación esté fresca y bien ventilada. Muchas personas duermen mejor con la temperatura a 18 grados C. Intente esto y ajuste la configuración de la temperatura en consecuencia después de unas pocas noches de experimentación.

**Cree un ritual a la hora de acostarse**: otra cosa que puede hacer para mejorar su sueño es crear un ritual adecuado para la hora de acostarse. Un ritual a la hora de acostarse consiste en cosas que estará haciendo antes de irse a dormir. Tu ritual de dormir puede incluir la preparación para el próximo día, leer un libro, tomar un baño caliente, escuchar música suave y atenuar las luces para la noche. Trata de mantener el mismo ritual cada noche. De esta manera, tu cerebro se preparará para dormir.

Sobre todo, aprenda a posponer la preocupación o incluso la lluvia de ideas durante su tiempo de sueño. Si tiene un pensamiento ardiente, simplemente anótelo para más adelante (siempre debe tener un cuaderno al lado de su cama) y relájese. Se ocupará de ello después de disfrutar de un buen descanso nocturno.

## Mantente conectado

No debe tener el hábito de aislarse, especialmente si se siente ansioso o estresado. La conexión humana es especialmente efectiva para calmarse cuando estás estresado. Si está preocupado por algo, simplemente hablar sobre ello puede aclarar las cosas y aclarar su ansiedad.

En lugar de aislarte, inicia amistades con personas de todas las edades. Participar en actividades de grupo como caminar o una clase de yoga. Escuche atentamente mientras otros le cuentan su día, sus esperanzas y sus sueños. Esto te ayudará a poner tus preocupaciones en perspectiva.

Si adquiere el hábito de cuidarse a sí mismo, verá que tiene más que preocuparse por usted. Aprenderás a abrazar tu vida y encontrar la felicidad en el momento presente en lugar de encadenarte al pasado o temer el futuro.

# Conclusión

La ansiedad tiene su lugar y tiempo. Cuando se presenta en pequeñas dosis, puede utilizarlo en su beneficio al analizar sus preocupaciones y temores y determinar la mejor manera de encontrar soluciones a sus problemas.

Sin embargo, la ansiedad no debe consumir una gran parte de su tiempo. Esto se debe a que cuando permites que la ansiedad normal se vuelva crónica, se presentan síntomas físicos y mentales que actúan para suprimir tu felicidad. Si estás constantemente ansioso, no tienes tiempo para abrazar tu vida o vivirla al máximo. Por eso es importante poner tus preocupaciones en perspectiva y encontrar varias formas de relajarse. Si haces esto, vencerás la ansiedad y encontrarás la felicidad.

Hemos llegado al final del libro. Gracias por leer y felicitaciones por leer hasta el final.

¡Gracias y buena suerte!

www.ingramcontent.com/pod-product-compliance
Lightning Source LLC
Chambersburg PA
CBHW071331030726
47594CB00002B/631